Einrichten und Betreiben von Bereitstellungsräumen

AF522952

Herausgeber: Klaus Maurer
Thomas Mitschke
Mitbegründer: Hanno Peter †

Band 4

Einrichten und Betreiben von Bereitstellungsräumen

Dieter Diedrich, Thomas Mitschke,
Matthias Teuber

2., überarbeitete Auflage

Verlagsgesellschaft Stumpf & Kossendey mbH, Edewecht 2019

Anmerkungen des Verlags

Die Herausgeber bzw. Autoren und der Verlag haben höchste Sorgfalt hinsichtlich der Angaben von Richtlinien und Empfehlungen aufgewendet. Für versehentliche falsche Angaben übernehmen sie keine Haftung. Da die gesetzlichen Bestimmungen und wissenschaftlich begründeten Empfehlungen einer ständigen Veränderung unterworfen sind, ist der Benutzer aufgefordert, die aktuell gültigen Richtlinien anhand der Literatur zu überprüfen und sich entsprechend zu verhalten.
Die Angaben von Handelsnamen, Warenbezeichnungen etc. ohne die besondere Kennzeichnung ®/™/© bedeuten keinesfalls, dass diese im Sinne des Gesetzgebers als frei anzusehen wären und entsprechend benutzt werden könnten.
Der Text und/oder das Literaturverzeichnis enthalten Links zu externen Webseiten Dritter, auf deren Inhalt der Verlag keinen Einfluss hat. Deshalb kann er für diese fremden Inhalte auch keine Gewähr übernehmen. Für die Inhalte der verlinkten Seiten ist stets der jeweilige Anbieter oder Betreiber der Seite verantwortlich.
Aus Gründen der Lesbarkeit ist in diesem Buch meist die männliche Sprachform gewählt worden. Alle personenbezogenen Aussagen gelten jedoch stets für Personen beliebigen Geschlechts gleichermaßen.

Bibliografische Information der Deutschen Nationalbibliothek

Die Deutsche Nationalbibliothek verzeichnet diese Publikation in der Deutschen Nationalbibliografie; detaillierte bibliografische Daten sind im Internet über http://dnb.dnb.de abrufbar.

Alle Rechte, insbesondere die der Übersetzung, des Nachdrucks, der Entnahme von Abbildungen oder Textteilen, vorbehalten. Einspeicherung in elektronische Systeme, Funksendung, Vervielfältigung in jeder Form bedürfen der schriftlichen Zustimmung der Autoren und des Verlags. Auch Wiedergabe in Auszügen nur mit ausdrücklicher Genehmigung.

© Copyright by Verlagsgesellschaft
Stumpf und Kossendey mbH, Edewecht 2019
Satz: Bürger Verlag GmbH, Edewecht
Druck: Print Group Sp. z o.o., 71–004 Szczecin (Polen)

Inhalt

Abkürzungen

Abb.	Abbildung
ASB	Arbeiter-Samariter-Bund e.V.
BOS	Behörden und Organisationen mit Sicherheits-aufgaben
BR	Bereitstellungsraum
bzw.	beziehungsweise
d.h.	das heißt
DLRG	Deutsche Lebens-Rettungs-Gesellschaft e.V.
DRK	Deutsches Rotes Kreuz
DV	Dienstvorschrift
EAL	Einsatzabschnittsleitung
EL	Einsatzleitung
ELW	Einsatzleitwagen
ENT	Einsatznachsorgeteam
etc.	et cetera (und so weiter)
evtl.	eventuell
Fa.	Firma
FLgr	Feldlager
FüGr	Führungsgruppe
FüKW	Führungskraftwagen
FüSt	Führungsstelle
FüStab	Führungsstab
Fw	Feuerwehr
FwDV	Feuerwehr-Dienstvorschrift
gem.	gemäß
ggf.	gegebenenfalls
He	Helfer
Infra	Infrastruktur
inkl.	inklusive

JUH	Johanniter-Unfall-Hilfe e.V.
Kap.	Kapitel
KatS	Katastrophenschutz
KatSL	Katastrophenschutzleitung
Kfz	Kraftfahrzeug
km	Kilometer
KTW	Krankentransportwagen
KW	Kilowatt
L	Lotse/Lotsenstelle
Log-M	Logistik Materialerhaltung
Log-SP	Logistikstützpunkt
Log-V	Logistik Verpflegung
Log-VG	Logistik Verbrauchsgüter
Lkw	Lastkraftwagen
LNA	Leitender Notarzt
Ltr.	Leiter
LV	Landesverband
m	Meter
M	Meldekopf
Mat	Material
max.	maximal
MHD	Malteser Hilfsdienst e.V.
MTW	Mannschaftstransportwagen
OrgL	Organisatorischer Leiter
OV	Ortsverband
PDV	Polizeidienstvorschrift
PLZ	Postleitzahl
PSNV-E	Psychosoziale Notfallversorgung von Einsatzkräften
PSU	Psychosoziale Unterstützung

RSt	Rettungsleitstelle
RTW	Rettungswagen
s.	siehe
S 1, S 2	Sachgebiet 1, 2 usw.
SKK	Ständige Konferenz für Katastrophenvorsorge und Bevölkerungsschutz
Std.	Stunde(n)
T	Tankstelle
TEL	Technische Einsatzleitung
THW	Bundesanstalt Technisches Hilfswerk
TK	Telekommunikation
Tr	Trupp
u.a.	unter anderem
UEAL	Untereinsatzabschnittsleitung
Ustg	Unterstützung
usw.	und so weiter
VersSt-M	Versorgungsstelle Materialerhaltung
VersSt-V	Versorgungsstelle Verpflegung
VersSt-VG	Versorgungsstelle Verbrauchsgüter
VG	Verbrauchsgüter
vgl.	vergleiche
z.B.	zum Beispiel

Vorwort

> *„Die schwer zugängliche Einsatzstelle wurde gleich zu Beginn auf der einzigen Anfahrtsmöglichkeit von einem abgestellten RTW total blockiert. Der Fahrzeugführer hatte den Schlüssel des Fahrzeuges abgezogen und die Besatzung war zunächst nicht auffindbar, da sie sich ohne Funkgerät ins Einsatzgebiet begeben hatte.*
>
> *Dies führte zu erheblichen Behinderungen für die nachrückenden Einsatzkräfte und Einheiten.“*

Diese real gemachte Beobachtung bei einer Übung ist geradezu exemplarisch und weist auf einen wesentlichen taktischen Teilaspekt bei der Bewältigung von Großschadensereignissen und Katastrophen hin. Während zum Teil selbst in der täglichen Gefahrenabwehr mit der begrenzten Anzahl eingesetzter Einheiten und Einsatzfahrzeuge das Anfahren von Einsatzstellen und die Aufstellung am Einsatzort zu Problemen führt, ist gerade bei Großschadensereignissen und Katastrophen immer wieder zu beobachten, dass vor allem in der initialen, sogenannten Chaosphase Einsatzstellen aufgrund der Vielzahl der eingesetzten Einheiten und Einsatzfahrzeuge geradezu „zugefahren“ werden. Dieses anfängliche Chaos führt in der Folge zu erheblichen Schwierigkeiten beim Nachrücken und Abrücken weiterer Einsatzfahrzeuge und bei der Ordnung des gesamten Einsatzraumes.

Hier kommt dem frühzeitigen Einrichten und Betreiben von Bereitstellungsräumen eine Schlüsselfunktion in einsatztaktischer Hinsicht zu. Die Einrichtung solcher Bereitstellungsräume wird sowohl in der Ausbildung als auch bei Übungen immer wieder als notwendiger taktischer Einsatzschwerpunkt herausgestellt. In der einschlägigen

Fachliteratur vermisst man allerdings eine systematische Abhandlung zu diesem allseits anerkannten taktischen Prinzip. Mit dem vorliegenden SEGmente-Band soll diese Lücke geschlossen werden.

In sieben Kapiteln werden praxisorientiert alle wesentlichen Aspekte des Einrichtens und Betreibens von Bereitstellungsräumen erörtert. Im siebten Kapitel werden Muster-Bereitstellungsräume als exemplarische Lösungsmöglichkeit vorgestellt, die lediglich an die jeweils konkreten räumlichen und organisatorischen Bedingungen angepasst werden müssen.

Thomas Mitschke

Vorwort zur 2. Auflage

Die Großschadensereignisse und Katastrophen in den vergangen 15 Jahren – im Besonderen das Hochwasser 2013 in Magdeburg und der Einsatz beim Moorbrand in Meppen 2018 – haben deutlich gemacht, dass sich die Anforderungen an Bereitstellungsräume in Bezug auf die Größenordnung (Magdeburg bis zu 1 500 Einsatzkräfte, Meppen bis zu 1 700 Einsatzkräfte) und Einsatzdauer (von einer bis zwei Wochen oder auch noch länger) deutlich geändert haben.

Politische Großveranstaltungen haben es erforderlich gemacht, im Rahmen der nichtpolizeilichen Gefahrenabwehr große Bereitstellungsräume auch über mehrere Tage einzurichten und zu betreiben. Im Bereich der Bundesanstalt Technisches Hilfswerk (THW) entstand das System BR 500 (ca. 500 Einsatzkräfte ortsfest oder auch feldmäßig unterzubringen).

Im Bereich des Katastrophenschutzes sind auch Konzepte für einen BR 500 entstanden z. B. in Niedersachsen. Ein derartiges System BR 500 zum Einsatz zu bringen, erfordert eine dementsprechende Einsatztaktik und dafür speziell ausgebildetes Personal mit der dafür erforderlichen materiellen Ausstattung.

1 Begriffsbestimmung

Die Notwendigkeit der Schaffung klarer und eindeutiger Begriffe ist eine Grundvoraussetzung zur Wahrnehmung von Führungsaufgaben. Im Zusammenhang mit der Bereitstellung von Einsatzkräften und Einsatzmitteln findet sich in der Literatur eine Reihe synonym verwendeter Begriffe wie z. B. Krankenwagenhalteplatz oder Rettungsmittelhalteplatz. Sinnvoll und zweckdienlich ist hier eine Beschränkung auf einen Begriff, da u. a. die genannten Begriffe allenfalls Teilaspekte der Bereitstellung besonders hervorheben und keine grundlegenden Bedeutungsvarianten enthalten.

Bei der Suche nach einem übergeordneten Begriff stößt man unweigerlich auf die Feuerwehr-Dienstvorschrift 100 (FwDV 100). In dieser Grundlagenvorschrift, die unter anderem von allen Organisationen im Zuge eines durch die Projektgruppe Harmonisierung der Ständigen Konferenz für Katastrophenvorsorge und Bevölkerungsschutz (SKK) initiierten Harmonisierungsprozesses anerkannt wird, findet man folgende umfassende Begriffsdefinition:

> *„Der Bereitstellungsraum ist die Sammelbezeichnung für Orte, an denen Einsatzkräfte und Einsatzmittel für den unmittelbaren Einsatz oder vorsorglich gesammelt, gegliedert und bereitgestellt oder in Reserve gehalten werden." (FwDV 100, S. 51)*

Mit dieser Begriffsdefinition hat man eine ausreichend konkrete und dennoch umfassende Beschreibung der wesentlichen Aspekte der Bereitstellung von Einsatzkräften und -mitteln.

Bei einem Bereitstellungsraum (BR) handelt es sich folglich um alle Arten von Einrichtungen der Führung und Leitung, an denen an einer/m räumlich fest definierten Stelle/Ort

- Einsatzkräfte, also Mannschaft/Personal,
- Einsatzmittel, also Gerät/Fahrzeuge,
- unmittelbar für den Einsatz oder
- vorsorglich für einen möglichen Einsatz,
- abgesetzt vom eigentlichen Einsatzgebiet/-raum gesammelt,
- für den Einsatz ggf. gegliedert und
- bereitgestellt oder
- in Reserve zur Wahrnehmung von Verstärkungs- und/oder Ablösungsaufgaben gehalten werden.

Das mittlerweile einheitliche taktische Zeichen zum Bereitstellungsraum wird wie folgt dargestellt:

Es beruht auf einem entsprechend zwischen allen Organisationen durch die oben genannte Projektgruppe der Ständigen Konferenz abgestimmten Entwurf (2003) und einer daraus entstandenen Empfehlung „Taktische Zeichen im Bevölkerungsschutz“ (2012) der SKK für eine organisationsübergreifende Dienstvorschrift 102.

Weitere, für das Themenfeld „Bereitstellungsraum“ relevante Zeichen sind unter anderem (s. hierzu auch Klingberg 2013):

Bezeichnung	Zeichen
Meldekopf	M
Bereitstellungsraum mit Meldekopf	M
Bereitstellungsraum mit Führungsstelle	
Logistikstützpunkt	Log
Feldlager	FLgr
Hubschrauberlandeplatz	
Rettungsmittelhalteplatz	
Leiter/-in eines Bereitstellungsraumes	Ltr Br
Lotse	Lotse

2 Typologie

Abbildung 1 gibt eine idealtypische Übersicht über die Arten von Bereitstellungsräumen. In der Einsatzpraxis sind zahlreiche Mischformen denkbar und einsatzbedingt notwendig.

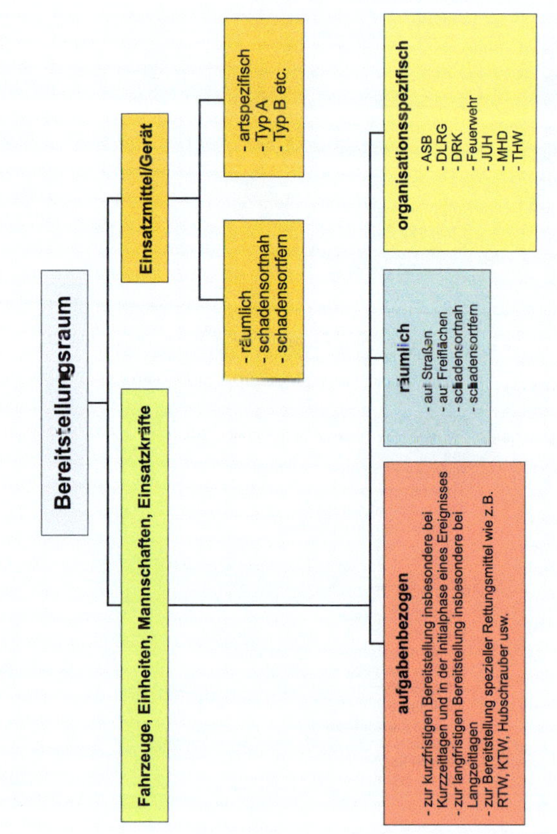

Abb. 1 ▶ Arten von Bereitstellungsräumen

Einsatztaktisch werden u.a. nach Größe der Lage und voraussichtlicher Einsatzdauer folgende Varianten des Bereitstellungsraumes gebildet:

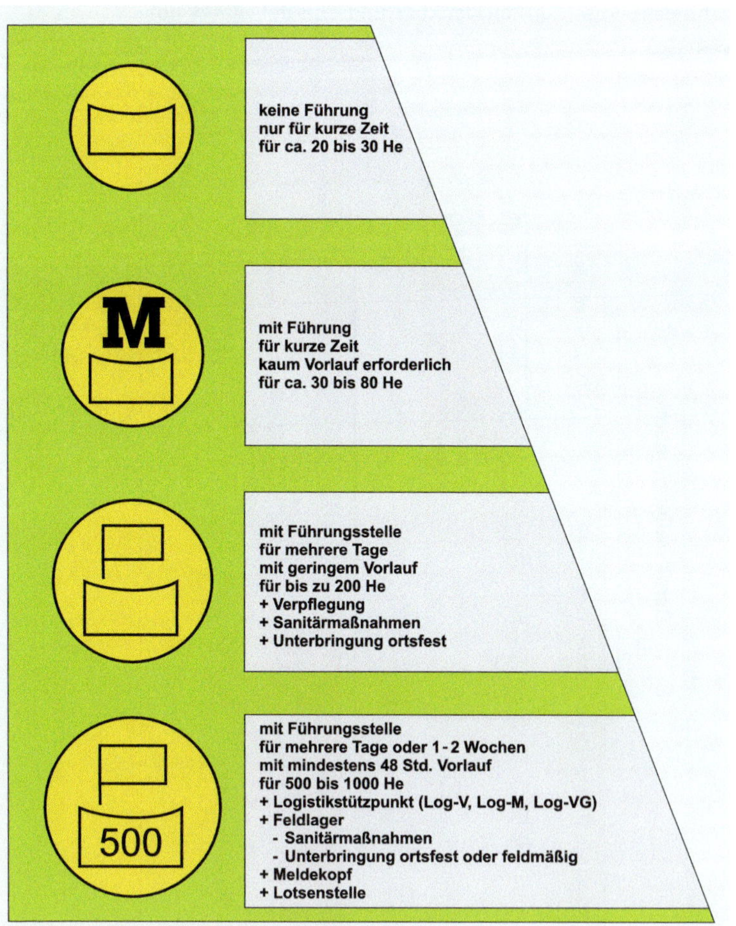

Abb. 2 ▶ Varianten von Bereitstellungsräumen

3 Aspekte der vorbereitenden Einsatzplanung

Bereitstellungsräume können in der oberen und mittleren Führungsebene eingerichtet werden.

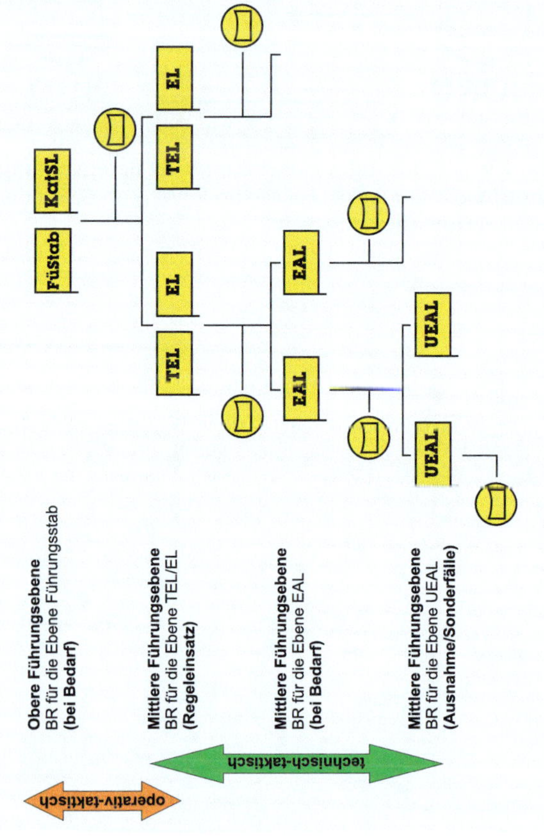

Abb. 3 ▶ Bereitstellungsräume in verschiedenen Führungsebenen (nach Handbuch „Führen im THW“, Kap. 9, Bundesanstalt Technisches Hilfswerk)

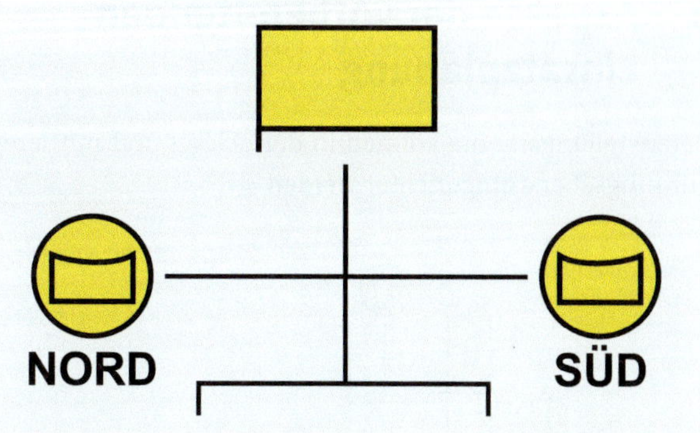

Abb. 4 ▶ Gleichzeitiges Einrichten zweier Bereitstellungsräume (nach Handbuch „Führen im THW“, Kap. 9, Bundesanstalt Technisches Hilfswerk)

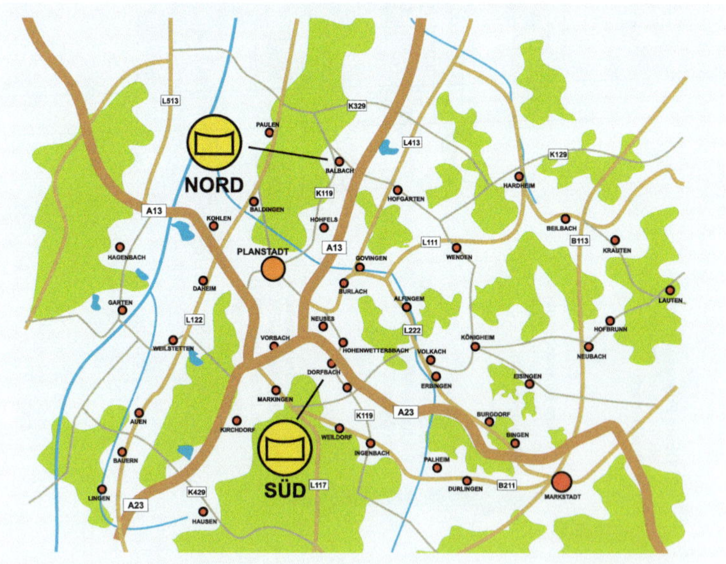

Abb. 5 ▶ Zwei Bereitstellungsräume (Quelle: THW-Ausbildungszentrum Neuhausen) (nach Handbuch „Führen im THW“, Kap. 9, Bundesanstalt Technisches Hilfswerk)

In der Regel wird für die Führungs-/Befehlsstellen ein Bereitstellungsraum eingerichtet. Es ist aber auch möglich, dass eine Führungs-/Befehlsstelle zwei Bereitstellungsräume gleichzeitig betreibt. Grund dafür können räumlicher oder organisatorischer Natur (Straßennetz, Größe der Schadensstelle usw.) sein.

Darüber hinaus können in der mittleren Führungsebene Einsatzabschnittsleitung/Untereinsatzabschnittsleitung (EAL/UEAL) Bereitstellungsräume bei Großschadensstellen auch nach Einsatzaufgaben untergliedert werden.

Beispiel:
BR1 Kräfte für den Einsatzabschnitt „Schadensstelle" und
BR2 für den Einsatzabschnitt „Rettungs-/Sanitätsdienst"

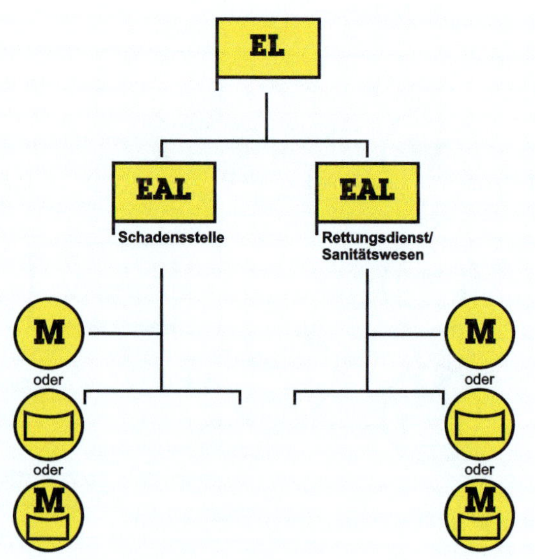

Abb. 6 ▶ Beispiel: MANV-Konzept (nach Handbuch „Führen im THW", Kap. 9, Bundesanstalt Technisches Hilfswerk)

Die Einsatzkräfte werden direkt in einen Bereitstellungsraum entsandt, wenn dieser von der Führungs-/Befehlsstelle eingerichtet wurde.

Bereitstellungsräume können mit oder ohne Meldekopf (M) betrieben werden. Der Meldekopf kann dabei direkt am Bereitstellungsraum eingerichtet und betrieben werden oder abgesetzt an einer anderen taktisch günstig gelegenen Stelle.

In Abhängigkeit vom Einsatzauftrag (Anzahl der aufzunehmenden Einsatzkräfte und der Einsatzdauer für den BR) kann es auch erforderlich sein, einen BR mit Führungsstelle einzurichten.

Grundsätzlich gilt: Einsatzkräfte, die über einen Bereitstellungsraum/Meldekopf geführt in den Einsatz gehen, verlassen den Einsatz auch wieder über den gleichen Bereitstellungsraum/Meldekopf!

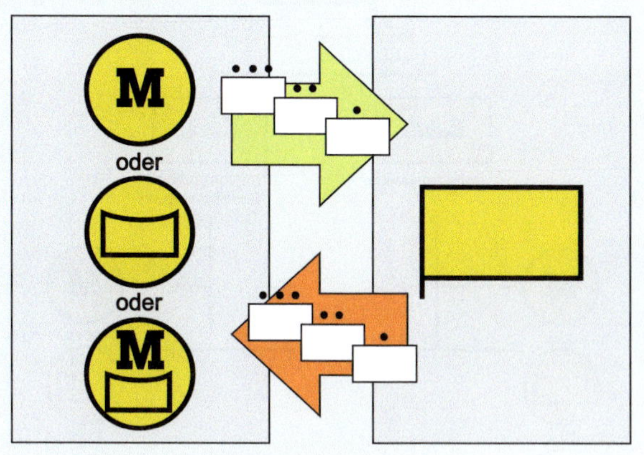

Abb. 7 ▶ An- und abrückende Einsatzkräfte

Bevor man in die Planung eines Bereitstellungsraumes einsteigt, sollte man grundsätzliche Entscheidungen getroffen haben:

- Ist der Bereitstellungsraum vorgesehen für:
  - einen kurzfristigen oder
  - einen längerfristigen Einsatz?
- Ist der Bereitstellungsraum nur für anrückende Einsatzkräfte gedacht oder auch für Reservekräfte (Verweilzeit der Kräfte, notwendige Versorgung)?
- Soll der Bereitstellungsraum betrieben werden:
  - mit Führung
  - ohne Führung
  - mit Meldekopf
  - ohne Meldekopf?

Sind diese Fragen beantwortet, geht es an die Planung des Bereitstellungsraumes.

3.1 Regelaufbauschema für große Bereitstellungsräume

Als großen Bereitstellungsraum betrachtet man einen Bereitstellungsraum, der für die Aufnahme von ca. 300 Einsatzkräften vorgesehen ist. Das hier dargestellte Beispiel entspricht der Planung eines BR 500 Niedersachsen, also für eine Kapazität von bis zu 500 Einsatzkräften. Eine ähnliche Struktur beinhaltet auch das System BR 500 THW.

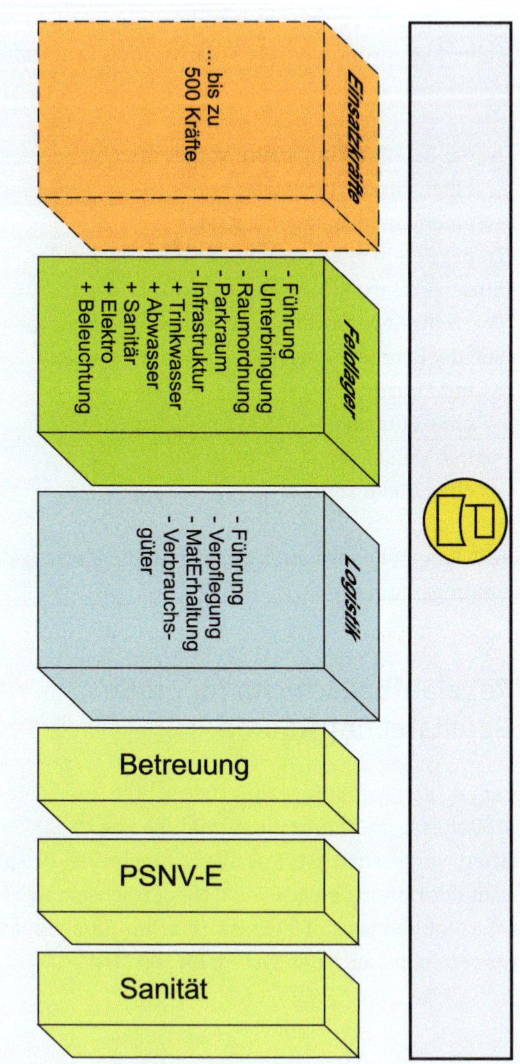

Abb. 8 ▶ Regelaufbauschema für große Bereitstellungsräume

Feldlager

Unter dem Begriff Feldlager werden alle Maßnahmen für die temporäre Unterbringung von Einsatzkräften zusammengefasst. Für die Aufgabenbewältigung ist eine Führungskomponente erforderlich.

Für die Unterbringung der Einsatzkräfte (Registrierung, Schlafplatz, Aufbauplatz Zelt und Zuweisung Parkraum) sollte die Zuständigkeit in einer Stelle gebündelt werden, z.B. Stelle Belegung. Diese Aufgaben entsprechen in etwa einer Hotelrezeption. Die feldmäßige Unterbringung in Zelten und der Parkraum bedürfen einer sorgfältigen Planung.

Das Problem Müllentsorgung ist bei der Größe des BR nicht zu vernachlässigen. Hier müssen bereits im Vorfeld mit dem Bedarfsträger Lösungen für die Mülltrennung bzw. Entsorgung für große Mengen getroffen werden.

Werden die im BR befindlichen Reservekräfte über längere Zeit nicht eingesetzt, sind unbedingt ergänzende Betreuungsmaßnahmen erforderlich. Lageabhängig können auch Maßnahmen im Bereich PSNV-E erforderlich sein.

Besondere Aufmerksamkeit ist dem Bereich Infrastruktur zu widmen. Die nötigen Voraussetzungen für die Bereiche Trinkwasser, Abwasser, Sanitär, Elektro und Beleuchtung müssen zwingend erfüllt werden, d.h. zum Beispiel:

- Trinkwasserentnahmestellen,
- Möglichkeiten für das Einleiten von Abwasser,
- Nutzung von Sanitäranlagen,
- Stromanschlüsse,
- Beleuchtung des Geländes vorhanden
- usw.

Die Nichteinhaltung generiert einen großen zusätzlichen Materialbedarf und erfordert somit einen erhöhten Kräfteansatz. Damit erhöht sich dann automatisch der Zeitbedarf für das Einrichten des BR.

Probleme in den Bereichen Elektro und Beleuchtung können oftmals kurzfristig durch Einsatzausstattung überbrückt werden.

Das gilt *nicht* für den Bereich Trinkwasser, da hier nur Material eingesetzt werden darf, was der geltenden Trinkwasserverordnung entspricht.

Logistik

Unter dem Begriff Logistik werden alle Maßnahmen für die Versorgung der im BR untergebrachten Einsatzkräfte zusammengefasst. Für die Aufgabenbewältigung ist eine Führungskomponente erforderlich.

Die Maßnahme Verpflegung beinhaltet die Planung/Beschaffung/Zubereitung und Ausgabe.

Die Maßnahme Materialerhaltung beinhaltet die kurzfristigen Reparaturmaßnahmen mit feldmäßigen Mitteln oder der Zuführung in eine Firmeninstandsetzung.

Aufbauorganisation des BR

Der BR wird geführt durch eine Führungsstelle BR in der Führungsstufe B oder C.

Der BR gliedert sich in die Bereiche Feldlager (FLgr) und Logistikstützpunkt (Log-SP).

Das Feldlager wird geführt durch eine Führungsstelle mindestens der Führungsstufe B.

Die Aufbauorganisation beinhaltet den Teil Feldlager – Betrieb mit Unterbringung und Parkplatzorganisation und dem Teil Feldlager – Infrastruktur mit Sanitäranlagen.

Der Logistikstützpunkt wird geführt durch eine Führungsstelle mindestens in der Führungsstufe B.

Die Aufbauorganisation beinhaltet die Teile Verpflegung/Materialerhaltung (MatErhaltung) und Verbrauchsgüter. In Abhängigkeit vom Auftrag können sie auch als Versorgungsstelle (VersSt) ausgeprägt sein.

3.2 Planung des Bereitstellungsraumes

Bei der Planung eines Bereitstellungsraumes müssen folgende Gesichtspunkte und Fragen bedacht werden:

- Wer soll untergebracht werden (Typ Einheit/ Organisation)?
- Wie hoch soll die voraussichtliche Unterbringungskapazität sein?
- Soll der Bereitstellungsraum gleichzeitig als Feldlager für die Unterbringung von eingesetzten Kräften genutzt werden?
- Der vorgesehene Bereitstellungsraum muss leicht auffindbar und gut erreichbar sein (Verkehrsanbindung).
- Der Bereitstellungsraum muss eine genügend große Aufstellfläche für Einsatzfahrzeuge (auch mit Anhänger) aller Art bieten.
- Drohen Gefahren für den erkundeten Platz (z.B. durch Hochwasser, umstürzende Bäume bei Orkan), befindet sich der Bereitstellungsraum zu nahe an einer anderen Gefahrenquelle?
- Ist eine getrennte Zu- und Abfahrtsmöglichkeit zum Bereitstellungsraum gegeben?
- Sind An- und Abfahrtswege auch bei schlechtem Wetter für Fahrzeuge ohne Allradantrieb passierbar?
- Sind Telekommunikationsverbindungen (TK) zur Führungs-/Befehlsstelle möglich?

- Sind Räumlichkeiten für den Aufenthalt der Einsatzkräfte erforderlich?
- Wird der Bereitstellungsraum ohne/mit Meldekopf mit Führungsstelle eingerichtet?
- Ist im Bereitstellungsraum eine Versorgung durch Logistikkräfte erforderlich?
- Gibt es in der Nähe Versorgungsanschlüsse für Strom, Trinkwasser und Abwasser?
- Gibt es für die Einsatzkräfte nutzbare sanitäre Anlagen in der Nähe?
- Gibt es für die Einsatzkräfte ortsfeste oder feldmäßige Unterbringungsmöglichkeiten?

Einsatztaktisch sollten Bereitstellungsräume am besten an großen Anfahrtsstraßen zum Schadensgebiet liegen. Geeignet sind hier insbesondere große Parkplätze an Einkaufszentren, Parkplätze von Raststätten an Bundesautobahnen, Stadien usw. Auswärtige Kräfte können diesen Bereitstellungsraum leicht finden und man erspart sich zeitraubende Einweisungen. Eine Kennzeichnung sowie eine Ausschilderung zum Bereitstellungsraum muss vorhanden sein. In den Einsatzraum/zur Einsatzstelle sollte ein direkter Weg führen (vgl. Handbuch „Führen im THW“, Kap. 9, Bundesanstalt Technisches Hilfswerk).

Bereitstellungsräume sollten darüber hinaus so geplant werden, dass ein unmittelbares Passieren der Einsatzstelle oder des Einsatzraumes vor Erreichen des Bereitstellungsraumes vermieden wird, da ansonsten die Gefahr besteht, dass anfahrende Einheiten direkt in das Einsatzgeschehen gezogen werden. Es empfiehlt sich darüber hinaus, eine gewisse Entfernung zum Einsatzgebiet sicherzustellen, um bereitgestellte Einsatzkräfte nicht mit dem unmittelbaren Einsatzgeschehen zu konfrontieren, was unter dem Handlungsdruck unter Umständen auch psychologisch zu Verselbstständigung der Einheiten aus dem Bereitstellungsraum heraus führen kann. Ist ein Bereitstellungsraum an unübersichtlichen oder unbekannten Örtlichkeiten eingerichtet, müssen Lotsenkräfte zur Verfügung stehen.

Im Wege einer optimalen vorbereitenden Einsatzplanung sollten Bereitstellungsräume im eigenen Zuständigkeitsgebiet vorab festgelegt und geplant werden. Eine eingehende Analyse der vorhandenen Gefahrenschwerpunkte ist hierzu die Voraussetzung. In Abhängigkeit dieser Gefahrenschwerpunkte können dann im Vorfeld möglicher Schadensereignisse die jeweiligen Örtlichkeiten erkundet werden, um geeignete Bereitstellungsräume festzulegen. Diese werden dann nach den hier beschriebenen Kriterien planerisch „eingerichtet" und können auf entsprechenden Karten eingetragen werden mit den konkreten Daten zur Art, Größe und Erreichbarkeit.

Im konkreten Schadensfall muss dann lediglich der günstigste Bereitstellungsraum festgestellt und allen eingesetzten Einsatzkräften zur Anfahrt vorgegeben werden.

Dieses vorbeugende Verfahren erleichtert erheblich die konkrete Einsatzabwicklung. Teilweise findet man die Vorbereitungen insbesondere in Großstädten bereits realisiert.

Eine gute Einsatzvorbereitung ist wie so oft quasi eine „Garantie" für die erfolgreiche Einsatzabwicklung.

3.3 Erkundung des Bereitstellungsraumes

Erkundungskriterien sind:

- möglichst ein freies übersichtliches Gelände mit genügend großer Aufstellfläche für Einsatzfahrzeuge (auch mit Anhänger) aller Art
- natürliche Begrenzung oder künstliche Umzäunung
- Schutzmöglichkeiten gegen Witterungseinflüsse für die Einsatzkräfte
- gute An- und Abfahrtsmöglichkeiten
- befestigte und ausreichend breite, möglichst getrennte An- und Abfahrten, nach Möglichkeit sperrbar
- ausreichend Parkplatz, auch für schwere Lkw geeignet
- Untergrund befestigt, auch für schwere Lkw bei schlechtem Wetter befahrbar
- mögliche Mitbenutzung von festen Gebäuden (Zugangsregelung, Teilnutzung, Sicherheitsfragen) bei Tag und Nacht
- Unterbringung der Einsatzkräfte möglich (feste Gebäude, Zelte)
- Infrastruktur vorhanden und nutzbar Bereich Trinkwasser, Abwasser, Strom
- Eignung für die Einrichtung und das Betreiben von Versorgungsstellen
- Verpflegung, Materialerhaltung und Verbrauchsgüter Teil Betriebsstoff
- Entsorgungsmöglichkeiten
- medizinische Versorgung
- Personalplanung für den Bereitstellungsraum
- Kennzeichnung/Ausschilderung zum Bereitstellungsraum und innerhalb.

- Der Bereitstellungsraum muss führungsmäßig besetzt sein.
- Lotsenkräfte für überörtliche Kräfte müssen vorhanden sein.
- Die Telekommunikationsverbindungen (TK) müssen erkundet/sichergestellt sein.
- Bei längeren Bereitstellungszeiten muss die Versorgung der Einsatzkräfte sichergestellt sein.

Die Festlegung des Bereitstellungsraumes ist mit der Polizei abzustimmen, die auch für die Zu- und Abfahrten zuständig ist (vgl. Handbuch „Führen im THW“, Kap. 9, Bundesanstalt Technisches Hilfswerk).

4 Einrichten und Betreiben des Bereitstellungsraumes

Für die Leitung des Bereitstellungsraumes ist ein Leiter zu bestimmen. Aufgabe des Leiters BR ist es, diesen so zu organisieren, dass die Einsatzkräfte erfasst, ggf. versorgt sind und ein gezielter Abruf von Einheiten, Teileinheiten oder Einzelfahrzeugen möglich ist. Der Leiter muss deshalb jederzeit aktuell über die im Bereitstellungsraum befindlichen Einsatzkräfte informiert sein. Der Leiter BR wird dabei lageabhängig durch eine Führungseinheit der Stufe B oder C unterstützt.

Der Leiter des Bereitstellungsraumes ist gegenüber den bereitgestellten Einheiten/Einsatzkräften in Bezug auf alle organisatorischen Maßnahmen im BR weisungsbefugt! Er hat folgende Aufgaben wahrzunehmen:

- Führung der unterstellten Kräfte, welche für die Organisation und den Betrieb des BR erforderlich sind
- Führung im Rahmen einer Weisungsbefugnis der im BR untergebrachten Kräfte
- Regelung des Dienstbetriebes
- Erfassen von angekommenen Einheiten, Fahrzeugen und Einsatzkräften
  - Sofortmeldung an S 1/S 4 der Führungs-/Befehlsstelle
  - Erteilung des Marschbefehles für die Einheit/Helfer nach Vorgabe der Führungs-/Befehlsstelle
- Registrierung von abgerückten Einheiten, Fahrzeugen und Einsatzkräften
- Einweisung der Einheiten und Einsatzkräfte
- Verkehrsregelung innerhalb des BR

- Regelung des Parkplatzes (Parkordnung) im BR
- Regelung der Verpflegung (wenn erforderlich)
- Regelung einer Betriebsstoffversorgung (wenn erforderlich)
- Regelung einer Instandsetzung (wenn erforderlich)
- Regelung einer Unterkunft (wenn erforderlich)
- Regelung der medizinischen Versorgung (wenn erforderlich)
- Regelung einer Bewachung (wenn erforderlich)
- Regelung von Betreuungsmaßnahmen (wenn erforderlich)
- Dokumentation.

Neben dem Leiter des Bereitstellungsraumes kann weiteres Personal für organisatorische Maßnahmen im BR notwendig werden. Dieses sind zum Beispiel:

- Personal Führungsstelle
- Verkehrssicherungsposten
- Einweiser Parkplatz
- Fernmelder
- Helfer für den Meldekopf
- Lotsenkräfte
- Wachpersonal (eigenes Personal, privates Wachunternehmen oder Polizei) (vgl. Handbuch „Führen im THW“, Kap. 9, Bundesanstalt Technisches Hilfswerk).

4.1 Meldekopf

Ein Meldekopf ist eine vorgeschobene, leicht auffindbare Einrichtung, an der Meldungen gesammelt und ohne Auswertung an den Empfänger weitergegeben werden.

Der Meldekopf für den Bereitstellungsraum muss als solcher erkennbar und ausgeschildert sein und kann auch im Einfahrtsbereich eines Bereitstellungsraumes eingerichtet werden.

Grundsätzlich melden sich alle eintreffenden und abrückenden Einheiten, Fahrzeuge und Einsatzkräfte am Meldekopf. Sie werden listenmäßig erfasst und die Meldung an die Führungs-/Befehlsstelle weitergeleitet. Die listenmäßige Erfassung enthält:

- Um welche/s Einheit/Teileinheit/Einzelfahrzeug handelt es sich?
- Wann erfolgte die Anmeldung am Meldekopf (Datum/Uhrzeit)?
- Besteht Bedarf an Versorgung (diese ist dann durch den Leiter des Bereitstellungsraumes zu regeln)?
- Wann wurde das Eintreffen der/s Einheit/Teileinheit/Einzelfahrzeuges an die Führungs-/Befehlsstelle (S 1) gemeldet (Datum/Uhrzeit)?
- In welcher zugewiesenen Parkzone stehen die Fahrzeuge der Einheit/Teileinheit?
- Wo halten sich die Einsatzkräfte während der Bereitstellung auf?
- Wann erfolgte die Abforderung der/s Einheit/Teileinheit/Einzelfahrzeuges durch die Führungs-/Befehlsstelle (Datum/Uhrzeit)?

- Wann hat sich die/das Einheit/Teileinheit/Einzelfahrzeug am Meldekopf abgemeldet (Datum/Uhrzeit)?
- Wann erfolgte die Meldung an die Führungs-/Befehlsstelle über den Abmarsch der/s Einheit/Teileinheit/Einzelfahrzeuges aus dem Bereitstellungsraum (Datum/Uhrzeit)?

Für die Leitung des Meldekopfes ist ein Leiter zu bestimmen. Dieser hat folgende Aufgaben wahrzunehmen:

- Regelung des Dienstbetriebes
- Erfassen von angekommenen Einheiten, Teileinheiten, Fahrzeugen und Einsatzkräften (Datum/Uhrzeit)
- Registrierung von abgerückten Einheiten, Teileinheiten, Fahrzeugen und Einsatzkräften (Datum/Uhrzeit)
- Einweisung der Einheiten, Teileinheiten, Fahrzeuge und Einsatzkräfte
- Sofortmeldung an den Leiter des Bereitstellungsraumes (Datum/Uhrzeit).

In der Einsatzoption Bereitstellungsraum mit Meldekopf können die Funktionen Leiter BR und Leiter M in Personalunion wahrgenommen werden.

4.2 Lotsen

Ist ein Bereitstellungsraum an unübersichtlichen oder unbekannten Örtlichkeiten eingerichtet, müssen Lotsenkräfte zur Verfügung stehen. Sie müssen auch dann zur Verfügung stehen, wenn vom Bereitstellungsraum kein direkter Weg in das Schadens-/Einsatzgebiet führt.

Die Lotsenkräfte

- nehmen Verbindung mit den von außerhalb anrückenden Einheiten auf,
- führen die Einheiten in ihren Bereitstellungsraum,
- führen die Einheiten in ihren Einsatzraum, und erkunden darüber hinaus ständig,
- wo und wie schnelles Eindringen in ein Schadensgebiet durch Einsatzkräfte möglich ist (vgl. Handbuch „Führen im THW“, Kap. 9, Bundesanstalt Technisches Hilfswerk).

Aus einsatztaktischen Gründen kann es erforderlich sein, alle Lotsenmaßnahmen durch eine Lotsenstelle zu koordinieren.

Einzelaufgaben:

- führt Lotsenaufgaben jeglicher Art durch
- setzt lageabhängig mobile Trupps Lotsen ein
- trifft Absprachen mit der Polizei
- plant und schildert Fahrstrecken aus (An-/Abfahrt)
- weist anrückende Teil-/Einheiten und Verbände ein
- meldet anrückende Teil-/Einheiten und Verbände an M oder Führungsstelle.

Abbildung 9 macht weitere Aufgaben in Zusammenarbeit mit dem BR/M deutlich:

- Einheiten bei Bedarf bei Anfahrt über Tankstelle (T) führen
- Einheiten nach Absprache dem Meldekopf zuführen
- Einheiten zurückhalten (Puffern), um Stau am Meldekopf zu verhindern.

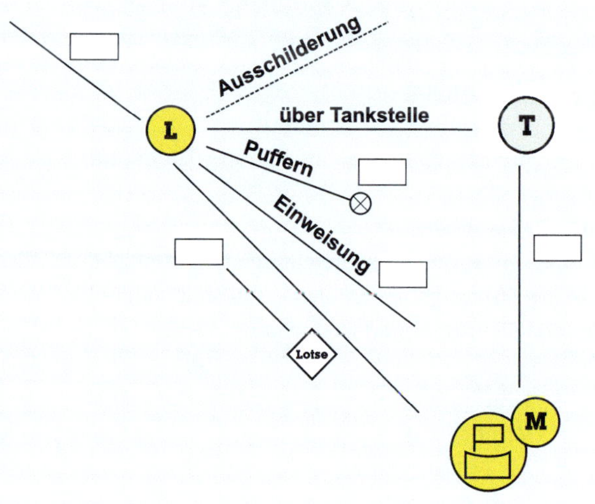

Abb. 9 ▶ Lotsen/Lotsenstelle im Einsatz

4.3 Sicherstellung der Versorgung im Bereitstellungsraum

Bleiben die Einsatz-/Reservekräfte für längere Zeit im Bereitstellungsraum oder wird ein Bereitstellungsraum gleichzeitig zur Unterbringung als Feldlager genutzt, so ist eine Versorgung der Einsatzkräfte sicherzustellen. Dazu muss der Bedarf an:

- Betriebsstoff,
- Instandsetzung,
- Verpflegung,
- medizinischer Versorgung,
- Ruhezeiten für die Einsatzkräfte (Unterkunft)

ermittelt werden.

Der Leitung des Bereitstellungsraumes sind durch den S 1 der Führungs-/Befehlsstelle folgende Teileinheiten zu unterstellen zur Sicherstellung der

- Führungsstelle,
- Verpflegung,
- Materialerhaltung,
- Verbrauchsgüter,
- sanitätsdienstlichen Versorgung,
- Raumordnung,
- Infrastruktur-Maßnahmen (Trinkwasser, Abwasser, Sanitär),
- Stromversorgung,
- Beleuchtung.

4.4 Verkehrsführung innerhalb des Bereitstellungsraumes

Je nach Art und Größe des Bereitstellungsraumes kann eine Verkehrsführung innerhalb desselben notwendig sein. Sie wird als Kreis- oder im Einbahnstraßenverkehr durchgeführt.

4.5 Aufstellung der Fahrzeuge

Beim Aufstellen der Fahrzeuge im Parkraum des Bereitstellungsraumes ist darauf zu achten, dass die Fahrzeuge einsatzfähig und ungefährdet bleiben. Die Aufstellung hat so zu erfolgen, dass der Abmarsch der Fahrzeuge jederzeit ohne Rangieren oder Rückwärtsfahren möglich ist. Als vorteilhaft hat sich hier die sogenannte Schrägparkposition (Abb. 10) herausgestellt. Die Schrägparkposition spart Platz und signalisiert allen nachrückenden Einheiten/Fahrzeugen, ebenfalls so zu parken (s. Kap. 7). Auf dem Parkplatz kann eine Sortierung der Einsatzkräfte nach

- Organisationen,
- taktischen Einheiten,
- Einsatzaufgaben,
- Kfz-Größe,
- Gerät

erfolgen.

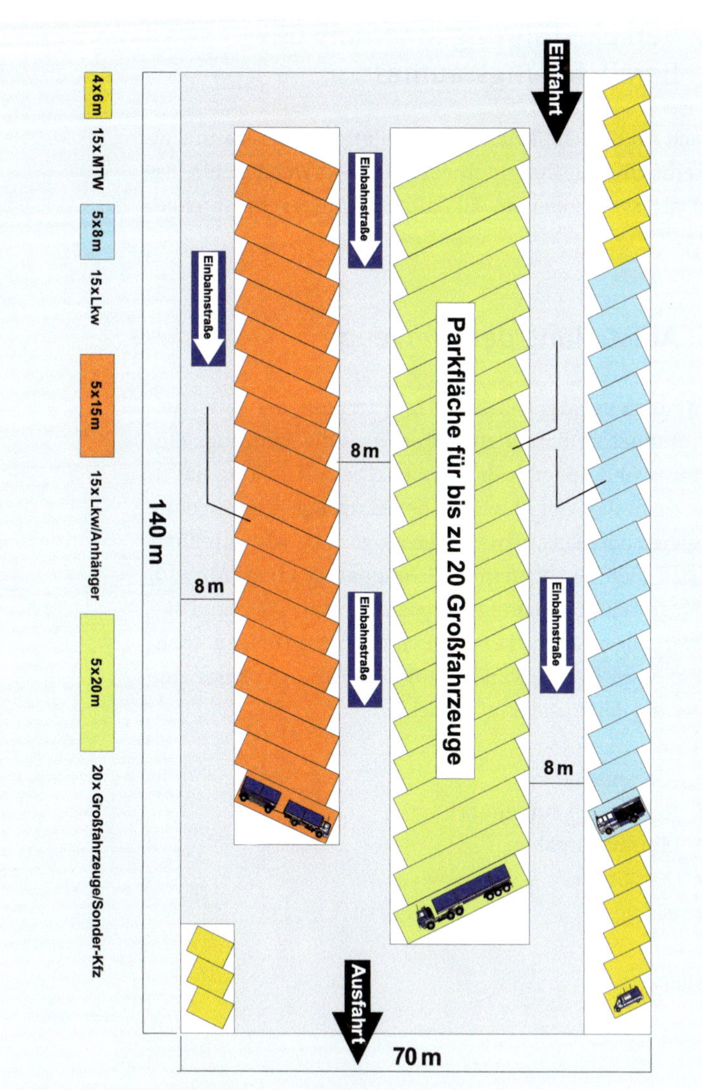

Abb. 10 ▶ Aufstellung der Fahrzeuge im Bereitstellungsraum

4.6 Ablaufpläne zum Einrichten und Betreiben des Bereitstellungsraumes

Die folgenden Ablaufpläne fassen in kurzer Form die wesentlichen Schritte beim Einrichten und Betreiben von Bereitstellungsräumen in Form von Flussdiagrammen zusammen.

4.6.1 Flussdiagramme

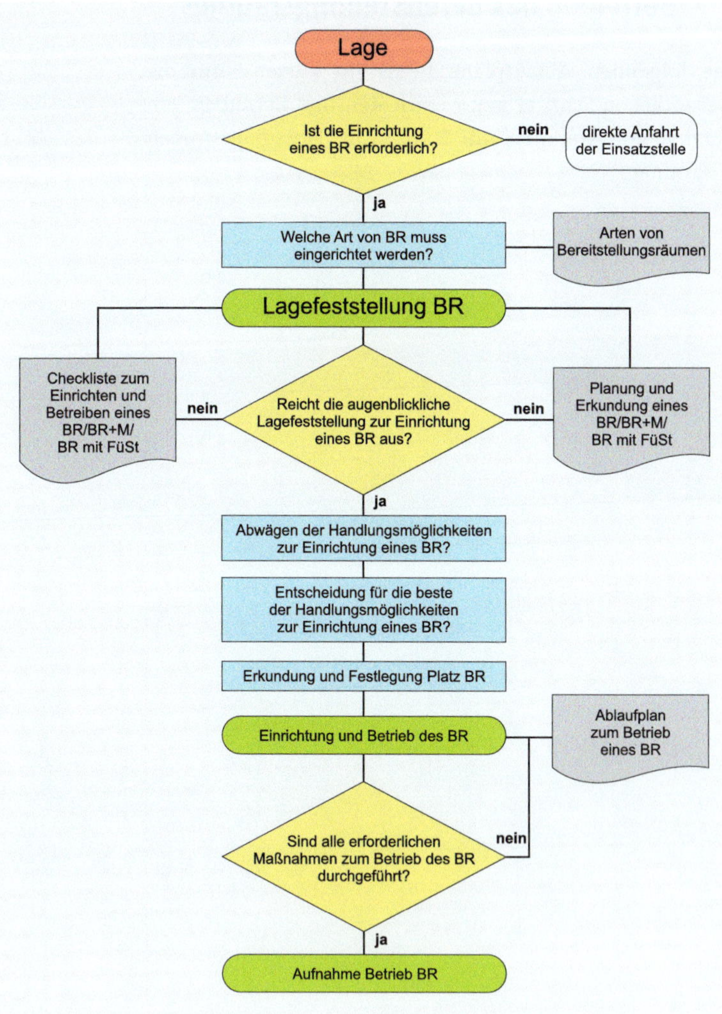

Abb. 11 ▶ Ablaufplan zum Einrichten eines Bereitstellungsraumes

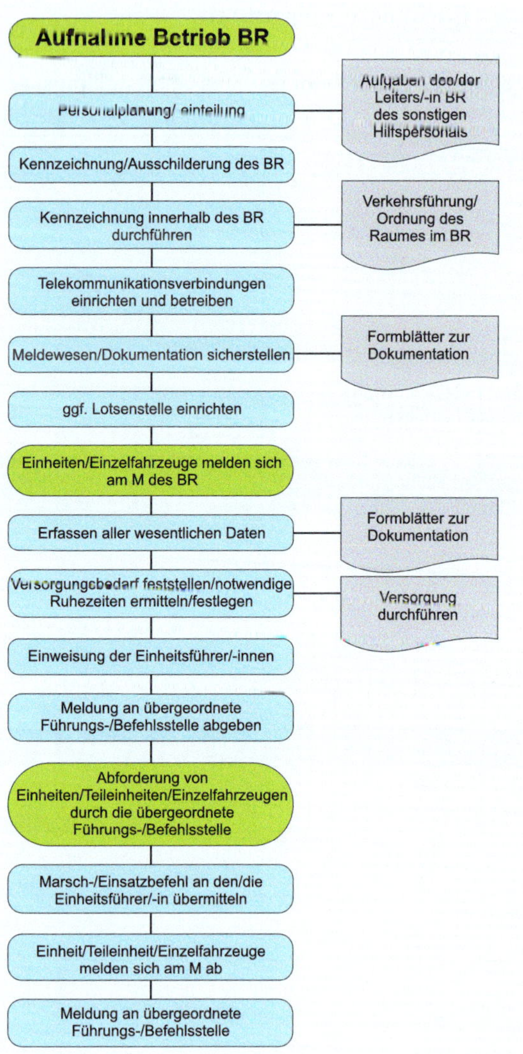

Abb. 12 ▶ Ablaufplan zum Betrieb eines Bereitstellungsraumes mit Meldekopf

4.6.2 Checkliste / Formblatt

Checkliste für die Erkundung eines Bereitstellungsraumes

Erstellungsdatum/Uhrzeit	
Erkundungsteam (Namen, OV/RSt/LV)	
Verantwortliche Gemeinde/Kommune (Kontaktdaten Ansprechpartner, falls nicht mit Eigentümer identisch)	
Raum für eine Skizze Bitte detaillierten „sauberen" Plan unmittelbar nach der Erkundung erstellen	
Allgemeine Angaben	
Verwendungszweck (z. B. BR/Parkplatz/Logistikstützpunkt/Feldlager)	
Ort/PLZ	
Bezeichnung des Ortes (z. B. Festplatz)	
Eigentümer (inkl. Kontaktdaten)	
Fläche gesamt • Details siehe Skizze • inkl. Flächenangaben der unterschiedlichen Untergründe	

mehrere Teilflächen sind für einen Aufbau notwendig (JA/NEIN) Wenn ja: • Größenangabe der jeweiligen Teilflächen • auf welcher Fläche sind welche „BR"-Bereiche (Details in Skizze) • für jede Teilfläche jeweils eine Checkliste ausfüllen	
Flächenuntergrund (z. B. Wiese/Beton/gemischt) • Details der unterschiedlichen Untergründe in Skizze	
zeitliche Verfügbarkeit der Fläche • Daten	
Parkplatzfläche vorhanden (JA/NEIN) • Wenn nein: Ort für externe Parkplatzfläche angeben im Abschnitt Parkplatz/Parkplätze • Wenn ja: Details in Skizze einarbeiten	
Besonderheiten des Geländes (z. B. Baugrundstück/Firmengelände/Park) • Hindernisse (z. B. Parkbuchten/Bäume) • Gewässer/Gräben/Unebenheiten • Vegetation, ausgewiesene Schutzgebiete • Tiervorkommen (z. B. Insekten)	
Soziale Umgebungsstruktur • Art (z. B. Wohngebiet/freie Natur/dörfliche Umgebung/sozialer Brennpunkt) • ausgewiesene Schutzgebiete • unmittelbare und betroffene Nachbarn • mögliche Funkbeeinträchtigungen	
Miete/Pachtpreis (nur als Vorabinformation an/durch den Eigentümer, Vertrag muss dann später über die zuständige RSt/Bedarfsträger erstellt werden)	
Zufahrtswege • Beschaffenheit/Untergrund • Breite/Durchfahrtshöhe • uneingeschränkte zeitliche Erreichbarkeit der Fläche • Details in Skizze einarbeiten	
Besonderheiten der Verkehrslage (z. B. Einbahnstraßen/Anliegerstraßen) • Details in Skizze einarbeiten	

<table>
<tr><th colspan="2">Infrastruktur
Bitte Fotos der Stromkästen/Abwasserdeckel usw. erstellen als zusätzliche Dokumentation</th></tr>
<tr><td>Stromanschlüsse vorhanden (JA/NEIN)
Wenn ja:
• Angabe der möglichen max. Stromabnahme in (KW) – ggf. beim Eigentümer erfragen
• Details (Stromkästen) in Skizze einarbeiten
• ggf. Kontaktdaten eintragen, falls eine Elektro-Firma als zuständiges Unternehmen für das Gelände angegeben/bekannt ist</td><td></td></tr>
<tr><td>Wasseranschlüsse vorhanden (JA/NEIN)
Wenn ja:
• Details zur Wasserentnahme aufführen (regelmäßige Nutzung/Nutzung in der Vergangenheit, ggf. beim Eigentümer erfragen)
• Details (Hydranten/Wasserhähne) in Skizze einarbeiten</td><td></td></tr>
<tr><td rowspan="2">Abwasser-Einrichtungen vorhanden (JA/NEIN)
• Wichtig ist hier die Unterscheidung zwischen Regenwasser/Brauchwasser
• Details der verschiedenen Abwasser Einrichtungen in die Skizze einarbeiten (Lage der Abwasserdeckel)</td><td>Anzahl Abwasserdeckel</td></tr>
<tr><td>Anzahl Regenwasserdeckel</td></tr>
<tr><th colspan="2">Raum für zusätzliche Infrastruktur-Angaben</th></tr>
<tr><td colspan="2"></td></tr>
<tr><th colspan="2">Parkplatz / Parkplätze
diesen Abschnitt nur ausfüllen bei externer Parkplatzfläche</th></tr>
<tr><td>Ort/PLZ</td><td></td></tr>
<tr><td>Eigentümer (inkl. Kontaktdaten)</td><td></td></tr>
<tr><td>Entfernung zum BR</td><td></td></tr>
<tr><td>bei weiter Entfernung: Einrichtung Shuttle zum BR einsatztaktisch möglich (JA/NEIN)</td><td></td></tr>
</table>

Fläche gesamt • Details siehe Skizze • inkl. Flächenangaben der unterschiedlichen Untergründe	
Flächenuntergrund (z. B. Wiese/Beton/gemischt) • Details der unterschiedlichen Untergründe in Skizze	
zeitliche Verfügbarkeit der Fläche • Daten	
Besonderheiten des Geländes (z. B. Baugrundstück/Firmengelände/Park) • Hindernisse (z. B. Parkbuchten/Bäume) • Gewässer/Gräben/Unebenheiten • Vegetation, ausgewiesene Schutzgebiete • Tiervorkommen (z. B. Insekten)	
Soziale Umgebungsstruktur • Art (z. B. Wohngebiet/freie Natur/dörfliche Umgebung/sozialer Brennpunkt) • ausgewiesene Schutzgebiete • unmittelbare und betroffene Nachbarn • mögliche Funkbeeinträchtigungen	
Miete/Pachtpreis (nur als Vorabinformation an/durch den Eigentümer, Vertrag muss dann später über die zuständige RSt/Bedarfsträger erstellt werden)	
Zufahrtswege • Beschaffenheit/Untergrund • Breite/Durchfahrtshöhe • uneingeschränkte zeitliche Erreichbarkeit der Parkplätze • Details in Skizze einarbeiten	
Besonderheiten der Verkehrslage (z. B. Einbahnstraßen/Anliegerstraßen) • Details in Skizze einarbeiten	
Infrastruktur der Parkfläche • Strom-/Wasseranschluss vorhanden? • Einfriedung (Zaun)? • Lage der Abwassereinrichtungen	

Fahrstrecken-Kalkulation	
Entfernung zum Einsatzort (Anzahl) & (km) • ggf. mehrere Einsatzorte in der Anlage gesondert aufführen	
Straßenarten zum Einsatzort (Bundesstraße/-n, Autobahn/-en, Landstraße/-n in km)	
Dokumentationen	
Foto-Bezeichnungen (Digital = Dateiname; Anzahl und Bezeichnungen hier angeben, damit diese zugeordnet werden können) • Nach Möglichkeit versuchen Panoramafotos zu erstellen, ansonsten Fotos später bearbeiten (z. B. mit PowerPoint®).	
Kataster-Pläne Bezeichnung (Digital = Dateiname)	
GPS-Koordinaten	
Skizze/Plan Bezeichnung (Digital = Dateiname)	
Müllentsorgung (Vorgaben Stadt / Gemeinde)	
Art der möglichen Müllentsorgung • Restmüll • Trennmüll	
Kosten für • Restmüll (Euro pro Tonne) • Trennmüll (Euro pro Tonne)	
Zuständige Müllentsorgungsfirma/Kommune (Kontaktdaten/Ansprechpartner/-in)	
Festgestellte Mängel / Schäden	
Anlage / Sonstige wichtige Angaben	

Abb. 13 ▶ Checkliste für die Erkundung eines Bereitstellungsraumes (nach Handbuch „Führen im THW“, Anlage Formblätter, Bundesanstalt Technisches Hilfswerk)

5 Aspekte der Führungsorganisation

Im Bereich der Führungsorganisation werden zum einen die Art und Einteilung der Führungsebenen und zum anderen die Aufgaben der Führungskräfte auf den einzelnen Führungsebenen festgelegt (vgl. FwDV 100).

5.1 Aufbauorganisation

Bereitstellungsräume sind ausschließlich Einrichtungen der Führung und Leitung. Der Bereitstellungsraum und der jeweilige Leiter des Bereitstellungsraumes untersteht folglich in direkter Linie dem jeweiligen Leiter der einzelnen Führungseinheiten oder Führungseinrichtungen auf den einzelnen Führungsebenen.

Bereitstellungsräume werden vorrangig auf der oberen und mittleren Führungsebene eingerichtet (s. Kap. 3). Im Einzelnen ergeben sich je nach Lage folgende Optionen für die Unterstellungsverhältnisse auf den einzelnen Führungsebenen:

Obere Führungsebene:

- Leiter des Bereitstellungsraumes untersteht dem Gesamtleiter des operativ-taktischen Führungsstabes.

Mittlere Führungsebene:

- Leiter des Bereitstellungsraumes untersteht dem Einsatzleiter oder dem Leiter der Einsatzleitung/Technischen Einsatzleitung.
- Leiter des Bereitstellungsraumes untersteht dem Leiter des Einsatzabschnittes.

- Leiter des Bereitstellungsraumes untersteht dem Leiter des Untereinsatzabschnittes.

Für den Bereitstellungsraum selbst sind ebenfalls klare Aufgaben und Unterstellungsverhältnisse bezogen auf den Leiter des BR, den Leiter des Meldekopfes, die am Bereitstellungsraum eingesetzten Einsatzkräfte/Einheiten sowie die bereitgestellten Einsatzkräfte/Einheiten festzulegen (s. Kap. 4). Hingewiesen sei an dieser Stelle nochmals darauf, dass der Leiter des BR gegenüber den bereitgestellten Einsatzkräften/Einheiten ein Unterstellungsverhältnis in organisatorischer Hinsicht in Bezug auf den Aufenthalt im BR hat und keinesfalls in einsatztaktisch/-technischer Hinsicht weisungsbefugt ist.

Ein unmittelbares Weisungs- und Unterstellungsverhältnis ergibt sich für den Leiter des BR lediglich gegenüber den zur Einrichtung und zum Betreiben des BR ausdrücklich unterstellten Einsatzkräfte/Einheiten. Ansonsten gelten für die Unterstellungsverhältnisse zwischen den Leitern der BR und den jeweiligen Leitern auf den einzelnen Führungsebenen die in der FwDV 100 festgelegten Grundsätze und Prinzipien des Führens und Leitens im Einsatz.

5.2 Ablauforganisation

In Hinblick auf die wahrzunehmenden Aufgaben der Führungskräfte auf den einzelnen Führungsebenen ist bezogen auf den Bereitstellungsraum von entscheidender Bedeutung, ob auf den einzelnen Ebenen mit oder ohne einen Führungsstab geführt wird. In der Regel werden gerade bei Großschadensereignissen und/oder Katastrophen auf der mittleren und auf der oberen Führungsebene Führungsstäbe zur Unterstützung und Beratung des jeweiligen Leiters eingesetzt. Aufbau- und Ablauforganisation dieser Führungsstäbe bestimmen sich nach den Festlegungen der FwDV 100 (Abb. 14).

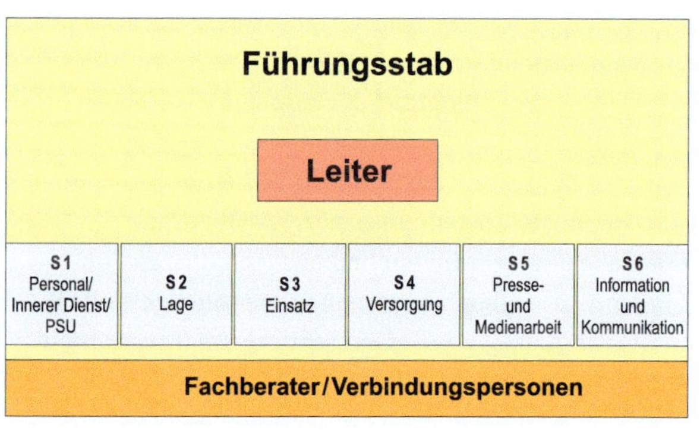

Abb. 14 ▶ Führungsorganisation/Arbeitsweise von Führungsstäben

Grundsätzlich ist der jeweilige Leiter auf den einzelnen Führungsebenen in Bezug auf den Bereitstellungsraum unter anderem dafür verantwortlich, dass

- rechtzeitig die taktische Entscheidung für oder gegen die Einrichtung eines BR getroffen wird,
- die Art des Bereitstellungsraumes festgelegt wird,
- der Ort des Bereitstellungsraumes festgelegt wird aufgrund des Erkundungsergebnisses,
- der Leiter des BR/M benannt wird,
- die Einrichtung des BR veranlasst wird,
- dem Leiter die zur Einrichtung und zum Betreiben des BR notwendigen Einsatzkräfte/Einheiten unterstellt werden,
- die Versorgung und Unterbringung der Einsatzkräfte/Einheiten im BR sichergestellt ist,

- die erforderlichen Vorgaben für Beschaffungen (Lebensmittel, Getränke) festgelegt sind,
- die Fernmeldeorganisation für das Betreiben des BR festgelegt und organisiert wird,
- An- und Abfahrtswege zum BR taktisch sinnvoll in Absprache mit der Polizei und mit dem Leiter der übergeordneten Führungsebene festgelegt werden,
- die Zuführung der Einsatzkräfte/Einheiten zum Bereitstellungsraum sichergestellt wird,
- alle übergeordneten und nachgeordneten Führungs- und Befehlsstellen sowie sonstige Stellen (z. B. Polizei) von der Einrichtung des BR unterrichtet werden,
- die Leitstelle von der Einrichtung des BR unterrichtet wird (trifft primär für die mittlere und obere Führungsebene zu),
- die Einsatzaufträge zeit- und sachgerecht an die bereitgestellten Einsatzkräfte/Einheiten übermittelt werden,
- die Auflösung eines BR rechtzeitig bekannt gegeben wird.

Führt der Leiter auf den einzelnen Führungsebenen ohne einen Führungsstab, muss er die genannten Aufgaben selbstständig erledigen. Gegebenenfalls kann oder sollte er sich hierzu Führungsassistenten heranziehen.

So ist es beispielsweise im rettungsdienstlichen Bereich mittlerweile Standard, dass der Leitende Notarzt (LNA) als verantwortlicher Leiter für die rettungsdienstliche Behandlung der Verletzten/Erkrankten sich zur Einrichtung und zum Betreiben eines BR des Organisatorischen Leiters (OrgL) bedient (vgl. u. a. Handbuch für Schnell-Einsatz-Gruppen/Handbuch für Organisatorische Leiter).

Führt der Leiter mit einem Führungsstab, stellt sich die Zuständigkeit für die einzelnen Aufgaben innerhalb des Führungsstabes wie folgt dar:

Sachgebiet 1, Personal/Innerer Dienst

- Veranlassung der Einrichtung des BR
- Festlegung der Art des BR
- Festlegung des Ortes des BR in Abstimmung mit dem S 3
- Benennung des Leiters des BR/M in Abstimmung mit dem S 3
- Unterstellung der zur Einrichtung und zum Betreiben des BR notwendigen Einsatzkräfte/Einheiten unter den Leiter des BR in Abstimmung mit dem S 3
- Festlegung der An- und Abfahrtswege zum BR in Abstimmung mit dem S 3 sowie in Absprache mit der Polizei und mit dem Leiter der übergeordneten Führungsebene
- Sicherstellung der Zuführung der Einsatzkräfte/Einheiten zum BR
- Dokumentation der bereitgestellten Einsatzkräfte/Einheiten
- Sicherstellung einer rechtzeitigen Reservebildung in Abstimmung mit dem S 3
- Bekanntgabe der Auflösung eines BR in Abstimmung mit dem S 3.

Sachgebiet 2, Lage

- In Abstimmung mit dem S 1 Information aller übergeordneten und nachgeordneten Führungs- und Befehlsstellen sowie sonstiger Stellen (z. B. Polizei) über die Einrichtung des BR

- in Abstimmung mit dem S 1 Information der Leitstelle über die Einrichtung des BR (trifft primär für die mittlere und obere Führungsebene zu)
- Darstellung des BR (Standort, Raumordnung) an der Lagekarte
- Sicherstellung der Darstellung der bereitgestellten Einsatzkräfte/Einheiten an der Lagekarte
- Dokumentation.

Sachgebiet 3, Einsatz

- Rechtzeitige taktische Entscheidung für oder gegen die Einrichtung eines BR
- Sicherstellung der zeit- und sachgerechten Übermittlung von Einsatzaufträgen an die bereitgestellten Einsatzkräfte/Einheiten
- Festlegung der Reserven (Größenordnung).

Sachgebiet 4, Versorgung

- Sicherstellung der Versorgung und Unterbringung der Einsatzkräfte/Einheiten im BR in Abstimmung mit dem S 1.

Sachgebiet 5, Presse- und Medienarbeit

- nur bei Bedarf.

Sachgebiet 6, Information und Kommunikation

- Planung, Festlegung und Sicherstellung der Fernmeldeorganisation für das Betreiben des BR in Abstimmung mit dem S 3 (s. Kap. 6).

6 Grundsätze der Fernmeldeorganisation für das Einrichten eines Bereitstellungsraumes

Beim Planen der Führungsorganisation für den Einsatz spielt die Fernmeldeorganisation eine besondere Rolle. Dies gilt auch für die Planung eines Bereitstellungsraumes. Hierbei ist zu unterscheiden zwischen der Fernmeldeorganisation für anrückende Einheiten und im Bereitstellungsraum. Ebenso ist der Zweck (Dauer, Unterbringung, Versorgung usw.) und die Art, wie (mit Führungsstelle, mit Meldekopf usw.) der Bereitstellungsraum eingerichtet werden soll, zu berücksichtigen.

Varianten der Fernmeldeorganisation für einen Bereitstellungsraum

- Anrückende Einheiten/Einsatzkräfte melden sich über Funk bei der EL an und werden durch diese in den BR verwiesen. Die Einheiten/Einsatzkräfte werden durch die EL über Funk aus dem Bereitstellungsraum abgerufen.
- Anrückende Einheiten/Einsatzkräfte melden sich über Funk bei der EL und werden durch diese in den BR verwiesen. Die Einheiten/Einsatzkräfte werden durch die EL über den BR abgerufen.
- Anrückende Einheiten/Einsatzkräfte melden sich über Funk bei der Führungsstelle oder dem Ltr. BR im BR an, der BR meldet diese an die EL. Die Einheiten/Einsatzkräfte werden durch die EL über den BR abgerufen.

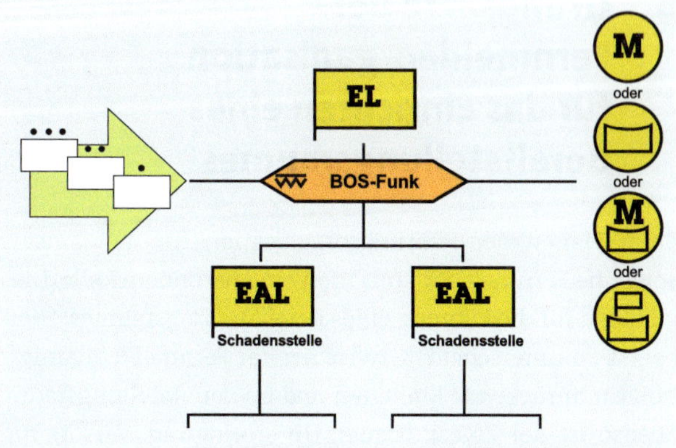

Abb. 15 ▶ Beispiel für die Fernmeldeorganisation für einen Bereitstellungsraum

- Anrückende Einheiten/Einsatzkräfte melden sich über Funk bei der EL und werden durch diese in den Meldekopf im BR verwiesen. Die Einheiten/Einsatzkräfte werden durch die EL über den Meldekopf abgerufen.
- Anrückende Einheiten/Einsatzkräfte melden sich über Funk bei der Führungsstelle oder dem Ltr. BR im BR an, der BR meldet diese an die EL. Einheiten/Einsatzkräfte werden durch die EL über den Meldekopf abgerufen.

7 Beispiele für Bereitstellungsräume

7.1 Grundsatzfestlegung

Bereitstellungsraum – Variante A

- für kurzfristige Einsätze
  - ohne Vorplanung
  - mit Vorplanung (z. B. gem. KatS-Plan)
- BR besteht nur für kurze Zeit
- Führung des BR
  - keine Führung vorhanden
  - keine Führung erforderlich
- anrückende Einheiten/Einsatzkräfte melden sich über Funk bei der EL an
- Übersicht der im BR verfügbaren Einheiten/Einsatzkräfte führt die EL
- Einheiten/Einsatzkräfte werden durch die EL über Funk abgerufen
- Verweilzeit der Einheiten/Einsatzkräfte im BR nur kurz
- Führungsstruktur entfällt
- keine Versorgung

Bereitstellungsraum – Variante B

- Für kurzfristige Einsätze
  - ohne Vorplanung
  - mit Vorplanung (z. B. gem. KatS-Plan)
- BR besteht nur für kurze Zeit
- Führung des BR ohne Führungsstelle
  - Führung vorhanden durch Meldekopf
    - erste eintreffende Führungskraft übernimmt Führung
    - zur Führung wird ein Führer eingesetzt mit Kfz und Funkanbindung zur EL/Einheiten
- anrückende Einheiten/Einsatzkräfte melden sich
  - über Funk bei der EL und werden durch diese an den BR verwiesen
  - über Funk beim BR an, der BR meldet diese an die EL
- Übersicht über die im BR verfügbaren Einheiten/Einsatzkräfte führt der BR
- Einheiten/Einsatzkräfte werden durch die EL über den BR abgerufen
- Verweilzeit der Einheiten/Einsatzkräfte im BR nur kurz
- ohne Führungsstruktur oder Führungsstufe B
- angepasste Logistik
- keine Unterbringung

Bereitstellungsraum – Variante C

- für längere Einsätze
  - ohne Vorplanung
  - mit Vorplanung (z. B. gem. KatS-Plan)
- BR besteht für längere Zeit
- Führung des BR mit Führungsstelle
  - zur Führung des BR wird eine Führungsgruppe (FüGr) mit Fernmeldemitteln eingesetzt
  - Funkanbindung zu den Einsatzkräften und TK-Verbindungen (Telefon, Telefax, Funk) zur EL
- anrückende Einheiten/Einsatzkräfte melden sich
  - über Funk bei der EL und werden durch diese an den BR verwiesen
  - über Funk beim BR an, der BR meldet diese an die EL
- Übersicht über die im BR verfügbaren Einheiten/Einsatzkräfte führt der BR
- Einheiten/Einsatzkräfte werden durch die EL über die Führungsstelle abgerufen
- Verweilzeit der Einheiten/Einsatzkräfte im BR für längere Zeit
- Führungsstufe B oder C
- keine vorgeplante Regelaufbauorganisation
- Logistik für die Bereiche Verpflegung, Materialerhaltung und Verbrauchsgüter vorbereiten
- Unterbringung ortsfest oder feldmäßig

Bereitstellungsraum – Variante D am Beispiel BR 500

Bereitstellungsraum mit Führungsstelle und Festlegung Größenordnung z.B. für Aufnahme von 500 Einsatzkräften und Kfz.

- für längere Einsätze
  - ohne Vorplanung
  - mit Vorplanung (z.B. gem. KatS-Plan)
- BR besteht für längere Zeit
- Führung des BR mit Führungsstelle
  - Aufbauorganisation des BR sieht weitere FüSt für den Bereich Logistikstützpunkt und Stelle Feldlager vor
  - Funkanbindung zu den Einsatzkräften und TK-Verbindungen (Telefon, Telefax, Funk) zur EL
- anrückende Einheiten/Einsatzkräfte melden sich
  - über Funk bei der EL und werden durch diese an den BR verwiesen
  - über Funk beim BR an, der BR meldet diese an die EL
- Übersicht über die im BR verfügbaren Einheiten/Einsatzkräfte führt der BR
- Einheiten/Einsatzkräfte werden durch die EL über die Führungsstelle abgerufen
- Verweilzeit der Einheiten/Einsatzkräfte im BR für längere Zeit
- Führungsstufe B oder C
- vorgeplante Regelaufbauorganisation
- Feldlager mit Unterbringung ortsfest oder feldmäßig
- Logistikstützpunkt mit Versorgungsstellen

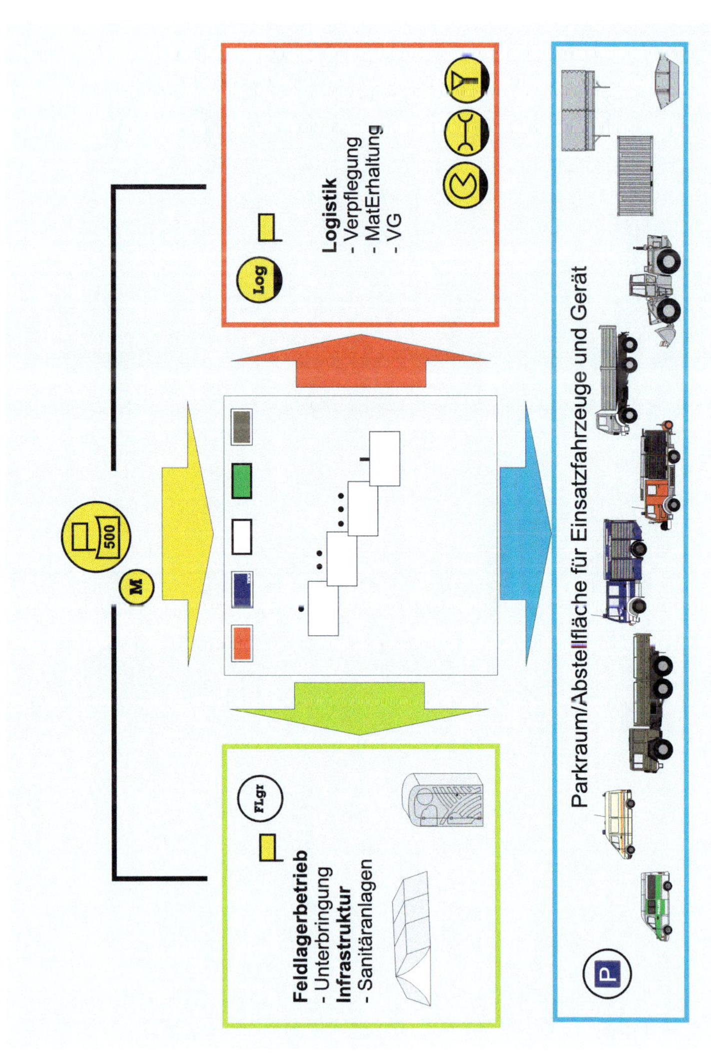

Abb. 16 ▶ Aufbauschema Variante D

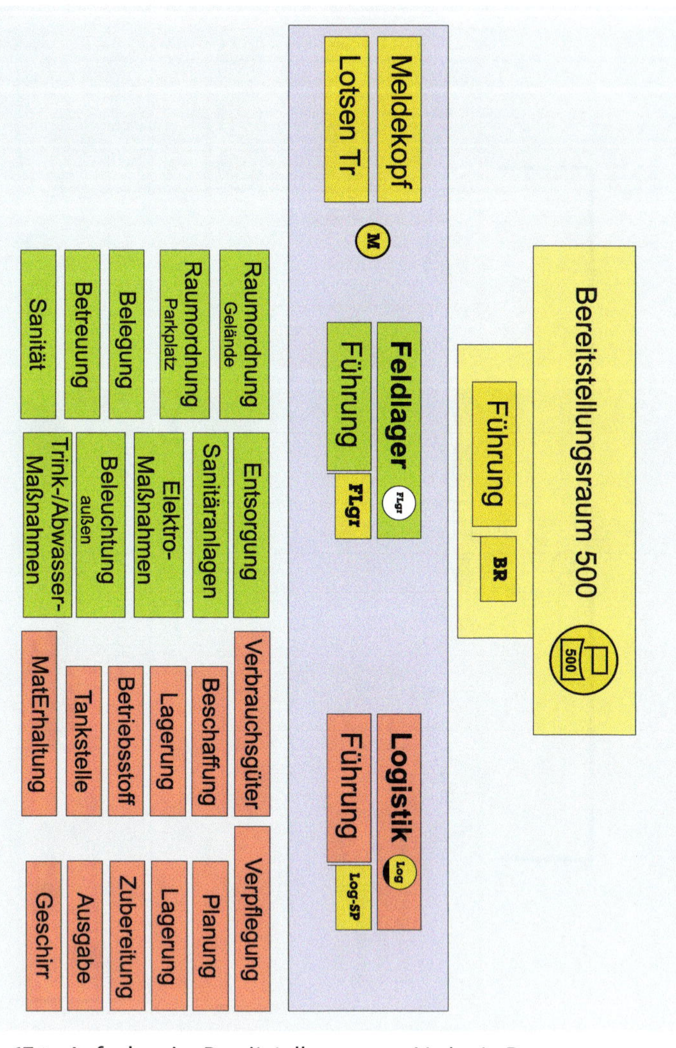

Abb. 17 ▶ Aufgaben im Bereitstellungsraum Variante D

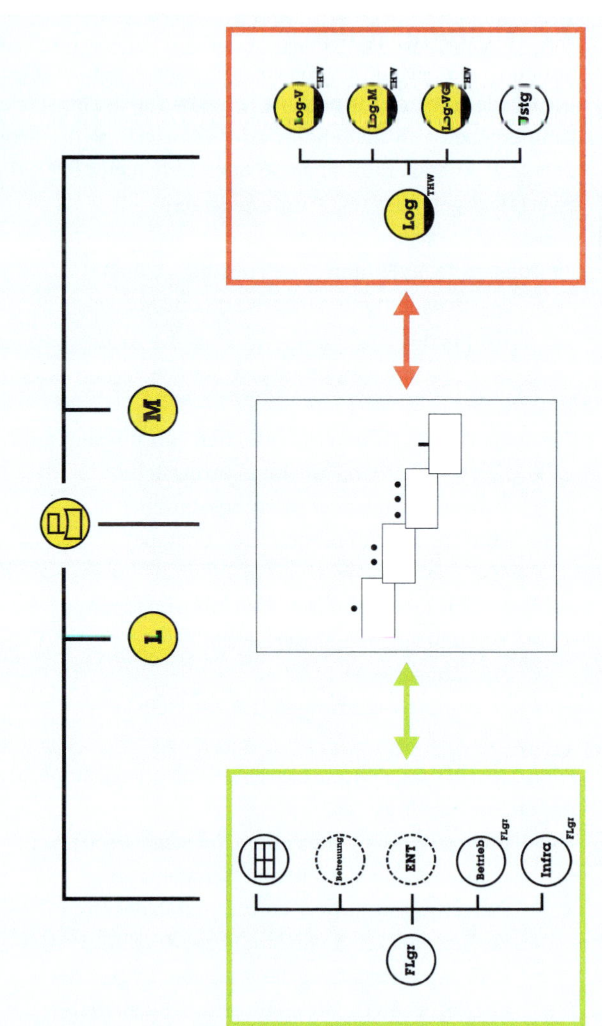

Abb. 18 ▶ Führungsorganisation im Bereitstellungsraum Variante D

7.2 Führungsstufen

Die Gliederung und die personelle Besetzung der Einsatzleitung ergeben sich fließend aus der Entwicklung des Schaden- bzw. Aufgabenumfanges. Grundsätzlich gibt es hierbei zweckmäßigerweise vier Führungsstufen:

Führungsstufe A: „Führen ohne Führungseinheit“

- taktische Einheiten bis zur Stärke von zwei Gruppen
- Führungseinrichtungen (z. B. Leitstelle)

Führungsstufe B: „Führen mit örtlichen Führungseinheiten“

- Zug oder Verband an einer Einsatzstelle
- Führungstrupp oder Führungsstaffel
- Führungseinrichtungen (z. B. Leitstelle)

Führungsstufe C: „Führen mit einer Führungsgruppe“

- Verband an einer Einsatzstelle
- Führungsgruppe
- Führungseinrichtungen (z. B. Leitstelle)

Führungsstufe D: „Führen mit einer Führungsgruppe bzw. mit einem Führungsstab“

- mehrere Verbände an einer Einsatzstelle oder an mehreren Einsatzstellen im Schadensgebiet
- Führungsgruppe bzw. Führungsstab des Landkreises, der kreisfreien Stadt bzw. des Stadtkreises
- Führungseinrichtung des Aufgabenträgers der überörtlichen Gefahrenabwehr (z. B. Leitstelle oder Informations- und Kommunikationszentrale) (vgl. FwDV 100, S. 23).

7.3 Beispiele für die Nutzung des Raumes

Einspurige Straße, Fahrzeuge stehen hintereinander (kein Fußweg vorhanden)

Vorteile

- schnelle Verfügbarkeit.

Nachteile

- nur für eine sehr kurzfristige Nutzung möglich
- Verkehrsbehinderung für den öffentlichen Straßenverkehr
- ggf. muss die Straße für den öffentlichen Verkehr voll gesperrt werden (Genehmigung, Polizei)
- keine Möglichkeit einzelne, hintere Fahrzeuge vorzuziehen, der Abmarsch der Fahrzeuge erfolgt immer von der Spitze (taktisch großer Nachteil).

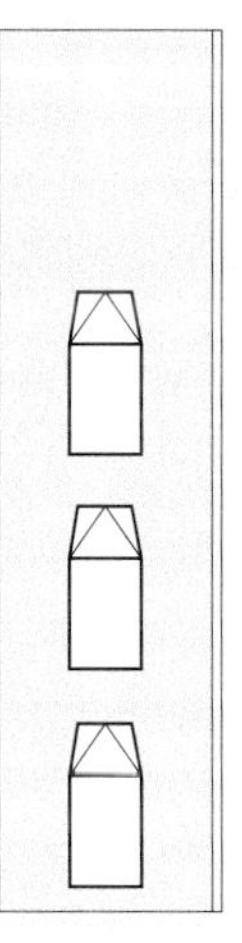

ABB. 19 ▶

Einspurige Straße, Fahrzeuge parken in Schrägparkposition auf Fußweg und Straße

Vorteile

- schnelle Verfügbarkeit
- Möglichkeit einzelne Fahrzeuge je nach Bedarf abzurufen, unabhängig von der Reihenfolge des Standortes im BR
- es wird ein sehr viel kürzerer Straßenabschnitt benötigt im Vergleich zu Varianten, bei denen die Fahrzeuge hintereinander stehen

- die Einsatzfahrzeuge müssen nicht einzeln von der Spitze abgezogen werden.

Nachteile

- nur für eine sehr kurzfristige Nutzung möglich
- Verkehrsbehinderung für den öffentlichen Straßenverkehr
- ggf. muss die Straße für den öffentlichen Verkehr voll gesperrt werden (Genehmigung, Polizei)
- nicht geeignet für Kfz mit Anhänger.

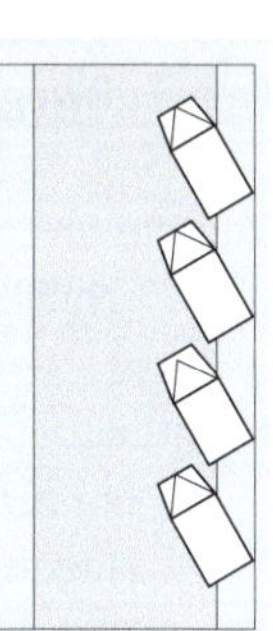

Abb. 20 ▶

Zwei-/Mehrspurige Straße, Fahrzeuge stehen hintereinander

Vorteile

- schnelle Verfügbarkeit
- Möglichkeit einzelne Fahrzeuge je nach Bedarf abzurufen, unabhängig von der Reihenfolge des Standortes im BR.

Nachteile

- nur für eine kurzfristige Nutzung möglich
- ggf. muss die Straße für den öffentlichen Verkehr voll gesperrt werden (Genehmigung, Polizei)
- wird die Straße nicht für den öffentlichen Verkehr voll gesperrt → zusätzliche Unfallgefahr/Behinde-

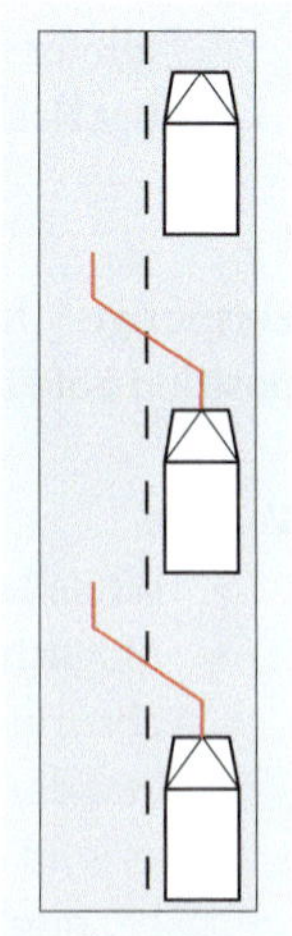

Abb. 21 ▶

rungen; es sind zwingend Verkehrssicherungsposten (eigene oder Polizei) einzusetzen.

Zwei-/Mehrspurige Straße, Fahrzeuge parken in Schrägparkposition

Vorteile

- schnelle Verfügbarkeit
- Möglichkeit einzelne, hintere Fahrzeuge vorzuziehen
- es wird ein sehr viel kürzerer Straßenabschnitt benötigt, wenn nicht hintereinander geparkt wird.

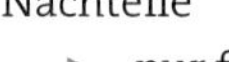

Nachteile

- nur für eine kurzfristige Nutzung möglich
- ggf. muss die Straße für den öffentlichen Verkehr voll gesperrt werden (Genehmigung, Polizei)
- wird die Straße nicht für den öffentlichen Verkehr voll gesperrt → zusätzliche Unfallgefahr/Behinderungen; es sind zwingend Verkehrssicherungsposten (eigene oder Polizei) einzusetzen
- nicht geeignet für Lkw mit Anhänger
- während der Einparkphase ist die Straße blockiert.

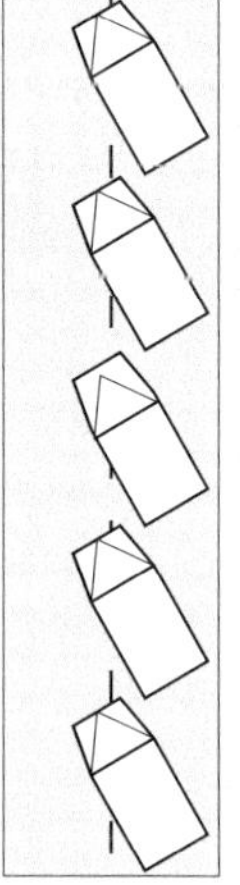

Abb. 22 ▶

Platz mit gemeinsamer Ein- und Ausfahrt

Vorteile

- Einsatzfahrzeuge stehen nicht auf der Straße
- keine Vollsperrung der Straße notwendig
- geringe Behinderung des öffentlichen Verkehrs
- abgeschlossenes Gelände
- eigene Infrastruktur (Versorgung, Unterkunft) möglich, wenn die Platzgröße ausreichend ist
- langfristige Nutzung möglich
- leichtes Einparken für Lkw mit Anhänger
- gute Organisationsmöglichkeit des BR
- Sortieren der Kfz nach Organisation, taktischen Einheiten, Gerät oder Einsatzaufgaben möglich
- Kreisverkehr bzw. Einbahnstraßenregelung möglich.

Nachteile

- Platz muss erkundet (gefunden) werden
- bei gleichzeitigem Eintreffen und Abmarsch von Einheiten/Fahrzeugen Stau in der Ein-/Ausfahrt
- Stau kann sich ggf. auf der Straße fortsetzen, dadurch Behinderung des öffentlichen Verkehrs
- wenn kein öffentliches Gelände, können evtl. Kosten (Miete) aufkommen
- unbedingt befestigter Untergrund erforderlich.

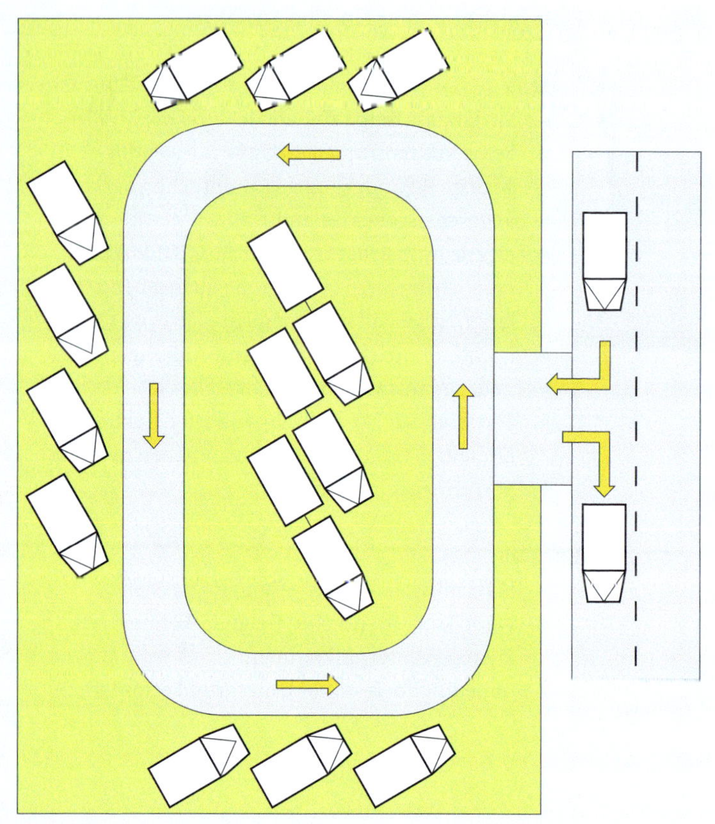

Abb. 23 ▶ Platz mit gemeinsamer Ein- und Ausfahrt

Platz mit getrennter Ein- und Ausfahrt

Vorteile

- Einsatzfahrzeuge stehen nicht auf der Straße
- keine Vollsperrung der Straße notwendig
- geringe Behinderung des öffentlichen Verkehrs
- abgeschlossenes Gelände
- eigene Infrastruktur (Versorgung, Unterkunft) möglich, wenn die Platzgröße ausreichend ist
- langfristige Nutzung möglich
- leichtes Einparken für Lkw mit Anhänger
- gute Organisationsmöglichkeit des BR
- Sortieren der Kfz nach Organisation, taktischen Einheiten, Gerät oder Einsatzaufgaben möglich
- Verkehrsregelung möglich.

Nachteile

- Platz muss erkundet (gefunden) werden
- wenn kein öffentliches Gelände, können evtl. Kosten (Miete) aufkommen
- unbedingt befestigter Untergrund erforderlich.

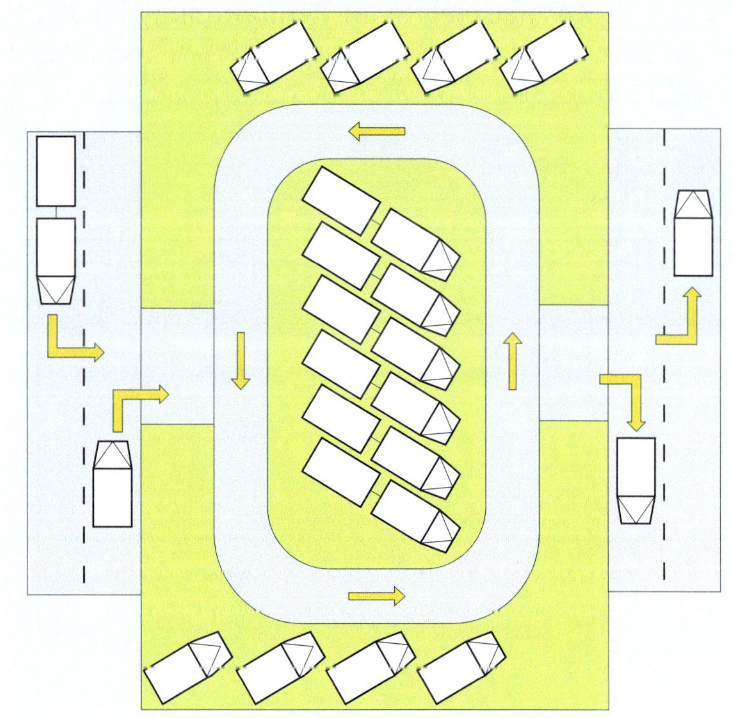

Abb. 24 ▶ Platz mit getrennter Ein- und Ausfahrt

7.4 Beispiel für die Raumordnung im BR

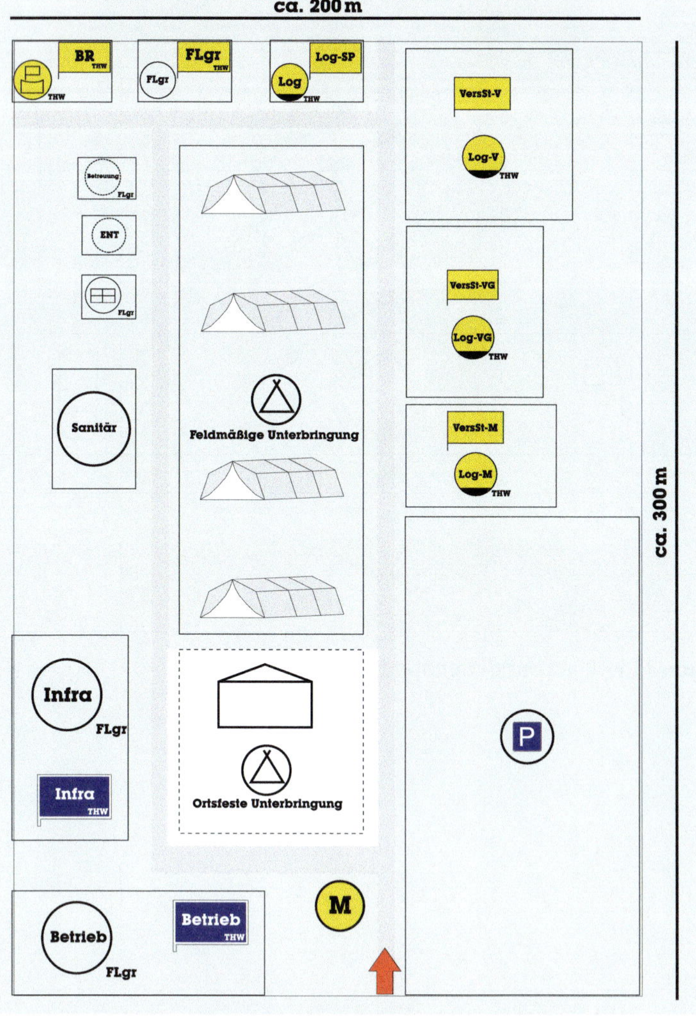

Abb. 25 ▶ Beispiel für die Raumordnung im Bereitstellungsraum

Literaturverzeichnis

Bundesanstalt Technisches Hilfswerk (Hrsg.) (2001) THW Dienstvorschrift 1-102 „Taktische Zeichen". Bonn.

Bundesanstalt Technisches Hilfswerk (Hrsg.) (2002) Handbuch „Führen im THW". Bonn.

Bundesanstalt Technisches Hilfswerk (Hrsg.) (2017) Ausbildungszentrum Hoya Ausbildungs-Unterlagen „Führen im Bereitstellungsraum 500 THW". Bonn.

DIN 13050 Begriffe im Rettungswesen (2015). Beuth-Verlag: Berlin.

Entwurf einer Dienstvorschrift 100 „Führung und Leitung im Einsatz" der Projektgruppe Harmonisierung der Ständigen Konferenz für Katastrophenvorsorge und Katastrophenschutz (2001). Köln.

Feuerwehrdienstvorschrift 100 „Führung und Leitung im Einsatz" (1999). Kohlhammer: Stuttgart.

Klingberg A (2013) Taktische Zeichen in der Gefahrenabwehr, 5. Aufl. Stumpf + Kossendey: Edewecht.

Mitschke Th (1999) Die Erweiterung der Führungsgrundgebiete in der Stabsarbeit der EL/TEL. In: Feuerwehrmagazin 112, Januar 1999, S. 29–30.

Mitschke Th (Hrsg.) (1997) Handbuch für Technische Einsatzleitungen. Kohlhammer: Stuttgart.

Mitschke Th, Peter H (Hrsg.) (2001) Handbuch für Schnell-Einsatz-Gruppen, 3. Aufl. Stumpf + Kossendey: Edewecht, Wien.

Peter H, Crespin UB (2002) Handbuch für Organisatorische Leiter, 2. Aufl. Stumpf + Kossendey: Edewecht, Wien.

Ständige Konferenz für Katastrophenvorsorge und Bevölkerungsschutz (SKK) (Hrsg.) (2012) Empfehlungen für taktische Zeichen im Bevölkerungsschutz. 2. Aufl., Köln.

Abbildungsnachweis

Alle hier nicht aufgeführten Fotos und Grafiken wurden von den Autoren oder vom Verlag in deren Auftrag erstellt.

Bundesanstalt Technisches Hilfswerk, Bonn: Titelbild (Hintergrund)

Bundesanstalt Technisches Hilfswerk / Michael Schott: Titelbild (Vordergrund)

Fa. KMW Taktische Zeichen / Inhaber: Karl Michael Wiedemann: Symbole für Taktische Zeichen und Fahrzeuge